Émile Durkheim

L'Allemagne au-dessus de tout

essai

ISBN : 978-1511774697

10 9 8 7 6 5 4 3 2 1

Émile Durkheim

L'Allemagne au-dessus de tout

essai

Table de Matières

Introduction

La conduite de l'Allemagne pendant la guerre dérive d'une certaine mentalité

Le principal objet des études qui constituent notre collection est de dépeindre l'Allemagne telle que la guerre nous l'a révélée. Déjà, nous avons parlé de son humeur agressive, de sa volonté belliqueuse, de son mépris du droit international et du droit des gens, de son inhumanité systématique, de ses cruautés réglementaires. Mais ces manifestations multiples de l'âme allemande, si réelle qu'en soit la diversité, sont toutes placées sous la dépendance d'un même état fondamental, qui en fait l'unité. Elles ne sont que des expressions variées d'une même mentalité que nous voudrions, dans le présent travail, chercher à atteindre et à déterminer.

Cette recherche est d'autant plus nécessaire que, seule, elle permet de répondre à une question que se posent encore, à l'étranger, un certain nombre de bons esprits. Les preuves accumulées qui démontrent ce que l'Allemagne est devenue, et qui justifient ainsi les accusations portées contre elle, ont déterminé, même dans les milieux qui lui étaient le plus favorables, un incontestable revirement d'opinion. Cependant, une objection nous est souvent faite à l'abri de laquelle certaines sympathies invétérées essaient encore de se maintenir. Les faits que nous avons allégués ont beau être démonstratifs, on les récuse, sous prétexte qu'ils sont *a priori* invraisemblables. Il est inadmissible, dit-on, que l'Allemagne, qui, hier, faisait partie de la grande famille des peuples civilisés, qui y jouait même un rôle de première importance, ait pu mentir à ce point aux principes de la civilisation humaine. Il n'est pas possible que ces hommes que nous fréquentions, que nous estimions, qui appartenaient en définitive à la même communauté morale que nous, aient pu devenir ces êtres barbares, agressifs et sans scrupules qu'on dénonce à l'indignation publique. On croit que notre passion de belligérants nous égare et nous empêche de voir les choses telles qu'elles sont.

Or ces actes, qui déconcertent et que, pour cette raison, on voudrait nier, se trouvent précisément avoir leur origine dans cet ensemble d'idées et de sentiments que nous nous proposons d'étudier : ils en dérivent comme une conséquence de ses prémisses. Il y a là tout un système mental et moral qui, constitué surtout en vue de la guerre, restait, pendant la paix, à l'arrière-plan des consciences. On en savait l'existence et l'on n'était pas sans en soupçonner le danger : mais c'est seulement pendant la guerre qu'il a été possible d'apprécier l'étendue de son influence d'après l'étendue de son action. C'est ce système que résume la fameuse formule qu'on a pu lire en tête de ces pages.

Cette mentalité sera étudiée d'après Treitschke

Pour le décrire, il ne sera pas nécessaire que nous allions en chercher, de-ci de-là, les éléments, pour les assembler ensuite et les rattacher les uns aux autres plus ou moins artificiellement. Il s'est trouvé un écrivain allemand qui a exposé, pour son propre compte, ce système avec une pleine et claire conscience des principes sur lesquels il repose et des conséquences qu'il implique : c'est Heinrich von Treitschke dans l'ensemble de ses ouvrages, mais plus spécialement dans sa *Politik* ⊠. Nous ne pouvons donc mieux faire que le prendre pour guide : c'est d'après son exposé que nous ferons le nôtre. Nous nous attacherons même à le laisser parler ; nous nous effacerons derrière lui. De cette façon, nous ne serons pas exposés à altérer la pensée allemande par des interprétations tendancieuses et passionnées.

Si nous choisissons Treitschke comme objet principal de notre analyse, ce n'est pas en raison de la valeur qu'on peut lui attribuer comme savant ou comme philosophe. Tout au contraire, s'il nous intéresse, c'est que sa pensée est moins celle d'un homme que d'une collectivité. Treitschke n'est pas un penseur original qui aurait élaboré, dans le silence du cabinet, un système personnel : mais c'est un personnage éminemment représentatif et c'est à ce titre qu'il est instructif. Très mêlé à la vie de son temps, il exprime la mentalité de son milieu. Ami de Bismarck, qui le fit appeler en 1874 à l'université de Berlin, grand admirateur de Guillaume II, il fut un des premiers et des plus fougueux apôtres de la politique impérialiste. Il ne s'est pas borné à traduire en formules retentissantes les idées qui régnaient autour de lui ; il a contribué, plus que personne, à les répandre tant par la parole que par la plume. Journaliste, professeur, député au Reichstag, c'est à cette tâche qu'il s'est consacré. Son éloquence âpre et colorée, négligée et prenante, avait, surtout sur la jeunesse qui se pressait en foule autour de sa chaire, une action prestigieuse. Il a été un des éducateurs de l'Allemagne contemporaine et son autorité n'a fait que grandir depuis sa mort.

Mais ce qui montre le mieux l'impersonnalité de son œuvre, c'est que nous allons y trouver, énoncés avec une netteté hardie, tous les principes que la diplomatie allemande et l'état-major allemand ont mis ou mettent journellement en pratique. Il a prédit, prescrit même comme un devoir à l'Allemagne tout ce qu'elle fait depuis dix mois, et, de ce devoir, il nous dit quelles sont, suivant lui, les raisons. Toutes les théories par lesquelles les intellectuels allemands ont essayé de justifier les actes de leur gouvernement et la conduite de leurs armées, se trouvent déjà chez lui ; mais elles y sont coordonnées et placées sous la dépendance d'une idée centrale qui en rend sensible l'unité. Bernhardi, dont on parle tant, n'est que son disciple ; c'est même un disciple qui s'est borné à appliquer, aux questions politiques du jour, les formules du maître, sans y rien ajouter d'essentiel' : il les a outrées en les vulgarisant. En même temps, parce que le livre de Treitschke date déjà d'une vingtaine d'années, la doctrine s'y présente à nous débarrassée de diverses superfétations qui la recouvrent aujourd'hui et qui en masquent les lignes essentielles. Ainsi s'explique et se justifie notre choix.

Chapitre I

L'état au-dessus des lois internationales

Les traités internationaux ne lient pas l'État.
Apologie de la guerre

Le système tient tout entier dans une certaine manière de concevoir l'État, sa nature et son rôle. On trouvera peut-être qu'une telle idée est trop abstraite pour avoir eu sur les esprits une action profonde ? Mais on verra qu'elle n'est abstraite qu'en apparence et recouvre, en réalité, un sentiment très vivant.

On s'entend généralement pour voir dans la souveraineté l'attribut caractéristique de l'État. L'État est souverain en ce sens qu'il est la source de tous les pouvoirs juridiques auxquels sont soumis les citoyens, et que lui-même ne reconnaît aucun pouvoir du même genre qui lui soit supérieur et dont il dépende. Toute loi vient de lui, mais il n'existe pas d'autorité qui soit qualifiée pour lui faire la loi. Seulement, la souveraineté qu'on lui prête ainsi d'ordinaire n'est jamais que relative. On sait bien qu'en fait l'État dépend d'une multitude de forces morales qui, pour n'avoir pas une forme et une organisation rigoureusement juridiques, ne laissent pas d'être réelles et efficaces. Il dépend des traités qu'il a signés, des engagements qu'il a librement pris, des idées morales qu'il a pour fonction de faire respecter et qu'il doit, par conséquent, respecter lui-même. Il dépend de l'opinion de ses sujets, de l'opinion des peuples étrangers avec laquelle il est obligé de compter.

Outrez, au contraire, cette indépendance, affranchissez-la de toute limite et de toute réserve, portez-la à l'absolu, et vous aurez l'idée que Treitschke se fait de l'État. Pour lui, l'État est à *autarkès*, au sens que les philosophes grecs donnaient à ce mot : il doit se suffire complètement à soi-même ; il a et ne doit avoir besoin que de soi pour être et pour se maintenir ; c'est un absolu. Faite uniquement pour commander, sa volonté ne doit jamais obéir qu'à elle-même. « Au-dessus de moi, disait Gustave Adolphe, je ne reconnais personne, sauf Dieu et l'épée du vainqueur. » Cette fière formule, dit Treitschke, s'applique identiquement à l'État ; encore la suprématie de Dieu n'est-elle guère réservée ici pour la forme. En somme, « il est dans l'essence même de l'État de n'admettre aucune force au-dessus de soi [1] ».

Toute supériorité lui est intolérable, ne fût-elle qu'apparente. Il ne peut pas même accepter qu'une volonté contraire s'affirme en face de la sienne : car tenter d'exercer sur lui une pression, c'est nier sa souveraineté. Il ne peut avoir l'air de céder à une sorte de contrainte extérieure, sans s'affaiblir et sans se diminuer. Un exemple concret, mis sous ces formules, en fera mieux comprendre le sens et la portée. On se rappelle comment, lors des affaires du Maroc, l'empereur Guillaume II envoya à Agadir une de ses canonnières ; c'était une façon comminatoire de rappeler à la France que l'Allemagne n'entendait pas se désintéresser de la question marocaine. Si, à ce moment, la France, pour répondre à cette menace, avait envoyé dans le même port, à côté du *Panther*, un de ses vaisseaux, cette simple affirmation de son droit eût été considérée par l'Allemagne comme un défi, et la guerre eût vraisemblablement éclaté. C'est que l'État est un être éminemment susceptible, ombrageux même ; il ne saurait être trop jaloux de son prestige. Si sacrée que soit à nos yeux la personnalité humaine, nous n'admettons pas qu'un homme venge dans le sang un simple manquement aux règles ordinaires de l'étiquette. Un État, au contraire, doit considérer comme une insulte grave le moindre froissement d'amour-propre. « C'est méconnaître, dit Treitschke, les lois morales de la politique que de reprocher à l'État un sens trop vif de l'honneur. Un État doit avoir un sentiment de l'honneur développé au plus haut point, s'il ne veut pas être infidèle à son essence. L'État n'est pas une violette qui ne fleurit que cachée ; sa puissance doit se dresser fièrement et en pleine lumière ; il ne doit pas la laisser discuter même sous forme symbolique. Le drapeau a-t-il été offensé ? Son devoir est de réclamer satisfaction et, s'il ne l'obtient pas, *de déclarer la guerre, si minuscule qu'en puisse paraître la raison ; car il doit exiger absolument que des égards lui soient témoignés, en rapport avec le rang qu'il occupe dans la société des nations.* »

Les seules limitations possibles à la souveraineté de l'État sont celles qu'il consent lui-même quand il s'engage par contrats envers d'autres États. Alors, du moins, on pourrait croire qu'il est tenu par

---

1 « Das Wesen des Staates besteht darin, daß er keine höhere Gewalt über sich dulden kann » (*id.*).

les engagements qu'il a pris. À partir de ce moment, semble-t-il, il a à compter avec autre chose que lui-même : ne dépend-il pas du pacte conclu ? Mais, en fait, cette dépendance n'est qu'apparente. Les liens qu'il a contractés ainsi sont l'œuvre de sa volonté ; ils restent, pour cette raison, subordonnés à sa volonté. Ils n'ont de force obligatoire que dans la mesure où il continue à les vouloir. Les contrats d'où ces obligations dérivent visaient une situation déterminée ; c'est à cause de cette situation qu'il les avait acceptées ; qu'elle change, et il est délié. Et comme c'est lui qui décide souverainement et sans contrôle si la situation est ou non restée la même, la validité des contrats qu'il a souscrits dépend uniquement de la manières dont il apprécie, à chaque moment, les circonstances et ses intérêts. Il peut, en droit, les dénoncer, les résilier, c'est-à-dire les violer, quand et comme il lui plaît.

« Tous les contrats internationaux ne sont consentis qu'avec cette clause : *rebus sic stantibus* (tant que les circonstances seront les mêmes) . *Un État ne peut pas engager sa volonté envers un autre État pour l'avenir.* L'État n'a pas de juge au-dessus de soi et, par conséquent, tous ses contrats sont conclus avec cette réserve tacite. C'est ce que confirme cette vérité qui sera reconnue aussi longtemps qu'il y aura un droit international : dès qu'une guerre a éclaté, les contrats entre les États belligérants cessent d'exister. Or, tout État, en tant qu'il est souverain, a tous les droits de déclarer la guerre quand il lui plaît. Par conséquent, tout État est en situation de dénoncer à volonté les contrats qu'il a conclus... Ainsi, il est clair que, si les contrats internationaux limitent la volonté d'un État, ces limitations n'ont rien d'absolu [1]. »

Tandis que, dans les contrats entre particuliers, réside une puissance morale qui domine les volontés des contractants, les contrats internationaux ne sauraient avoir cet ascendant ; car il n'y a rien au-dessus de la volonté d'un État. Il en est ainsi non seulement quand le contrat a été imposé par la violence, à la suite d'une guerre, mais encore quand il a été librement accepté. Dans tous les cas, quels qu'ils soient, « l'État se réserve d'apprécier l'étendue de ses obligations contractuelles ». Ce principe peut choquer les juristes, juges et avocats ; mais « l'histoire n'est pas faite pour être considérée du point de vue auquel se placent les

---

1 I, p. 37-38.

juges dans les procès civils [1] ». C'est là un point de vue de « philistins » qui ne saurait être celui de l'homme d'État, ni de l'historien.

À plus forte raison, un État ne saurait-il accepter la juridiction d'un tribunal international, de quelque manière qu'il soit composé. Se soumettre à la sentence d'un juge, ce serait se placer dans un état de dépendance, inconciliable avec la notion de souveraineté. D'ailleurs, dans des questions vitales comme sont celles qui opposent les États entre eux il n'y a pas de puissance étrangère qui puisse juger avec impartialité. « Si nous commettions la sottise de traiter la question d'Alsace comme une question ouverte et si nous laissions à un arbitre le soin de la trancher, qui croira sérieusement qu'on puisse en trouver un qui soit impartial [2]. » Aussi bien, ajoute Bernhardi [3], au nom de quel droit prononcera le juge ? Invoquera-t-il ce sens de la justice que chacun de nous trouve dans sa conscience ? Mais on sait tout ce qu'il a de vague, d'incertain et de fuyant ; il varie d'un individu à l'autre, d'un peuple à l'autre. S'appuiera-t-on sur le droit international établi ? Mais nous venons de voir que ce droit repose lui-même sur des accords éminemment précaires que chaque État peut légitimement dénoncer à sa guise. Il exprime la situation respective des États, et celle-ci est perpétuellement en voie de changement. Il laisse donc la place libre aux préjugés individuels et nationaux. En un mot, un tribunal international suppose un droit international institué, fait de normes impersonnelles, impératives, qui s'imposent à tous et qui ne sont contestées par aucune conscience droite : or, un droit international de ce genre n'existe pas.

Un État se doit à lui-même de résoudre par ses propres forces les questions où il juge que ses intérêts essentiels sont engagés. La guerre est donc la seule forme de procès qu'il puisse reconnaître, et « les preuves qui sont administrées dans ces terribles procès entre nations ont une puissance autrement contraignante que celles qui sont usitées dans les procès civils ». C'est pourquoi, tant qu'il y aura entre les États des compétitions, des rivalités, des antagonismes, la guerre est inévitable. Or la concurrence est la loi des États plus encore que des individus ; car, de peuple à peuple, elle n'est atténuée ni par la sympathie mutuelle ni

---

1 II, p. 550.

2 I, p. 38.

3 *Unsere Zukunft*, ch. V.

Émile Durkheim

par la communauté de culture et l'attachement à un même idéal. Sans la guerre, l'État n'est même pas concevable. Aussi le droit de faire la guerre à sa guise constitue-t-il l'attribut essentiel de sa souveraineté. C'est par ce droit qu'il se distingue de tous les autres groupements humains. Quand un État n'est plus en situation de tirer l'épée comme il veut, il ne mérite plus son nom. « On peut encore, par convenance, par politesse et amabilité, l'appeler un royaume. Mais la science, qui a pour premier devoir de dire la vérité, doit déclarer sans ambages qu'un tel pays n'est plus un État... C'est par là que la couronne de Prusse se distingue des autres États allemands. Seul, le roi de Prusse a qualité pour déclarer la guerre. La Prusse n'a donc pas perdu sa souveraineté comme les autres États. »

La guerre n'est pas seulement inévitable : elle est morale et sainte. Elle est sainte, d'abord parce qu'elle est la condition nécessaire à l'existence des États et que, sans État, l'humanité ne peut pas vivre. « En dehors de l'État, l'humanité ne peut pas respirer. » Mais elle est sainte aussi parce qu'elle est la source des plus hautes vertus morales. C'est elle qui oblige les hommes à maîtriser leur égoïsme naturel ; c'est elle qui les élève jusqu'à la majesté du sacrifice suprême, du sacrifice de soi. Par elle, les volontés particulières, au lieu de s'éparpiller à la poursuite de fins mesquines, se concentrent en vue de grandes choses, « et la petite personnalité de l'individu s'efface et disparaît devant les vastes perspectives qu'embrasse la pensée de l'État ». Par elle, « l'homme goûte la joie de communier avec tous ses compatriotes, savants ou simples d'esprit, dans un seul et même sentiment, et quiconque a goûté ce bonheur n'oublie plus jamais ce qu'il a de doux et de réconfortant ». En un mot, la guerre implique un « idéalisme politique » qui entraîne l'homme à se dépasser soi-même. La paix, au contraire, c'est le « règne du matérialisme » ; c'est le triomphe de l'intérêt personnel sur l'esprit de dévouement et de sacrifice, de la vie médiocre et vulgaire sur la vie noble. C'est le renoncement « paresseux [1] » aux grands desseins et aux grandes ambitions. L'idéal de la paix perpétuelle n'est pas seulement irréalisable ; c'est un scandale moral [2], une véritable malédiction [3].

---

1 « Der faule Friedenszustand » (I, p. 59).

2 « Daß der Gedanke des ewigen Friedens... ein unsittliches Ideal ist, haben wir schon erkannt » (II, p. 553).

3 « Der Unsegen des Friedens » (I, p. 59).

« N'est-ce pas, en effet, un renversement de la morale que de vouloir exclure l'héroïsme de l'humanité ? » C'est un non-sens que d'invoquer contre la guerre les principes du christianisme : la Bible dit expressément que l'autorité a pour devoir de tirer l'épée. Aussi « est-ce toujours des époques fatiguées, sans vigueur et sans enthousiasme, qui se sont complues dans ce rêve d'une paix éternelle ». Ce fut le cas après le traité d'Utrecht comme après le congrès de Vienne. D'après Treitschke, au moment où il écrivait, l'Allemagne traversait une période du même genre. Mais, ajoute-t-il, on peut être assuré qu'elle ne durera pas. « Le Dieu vivant veillera à ce que la guerre revienne toujours, comme le terrible remède dont a besoin l'humanité [1]. »

L'État est puissance.
Suppression des petits États

En résumé, l'État est une personnalité impérieuse et ambitieuse, impatiente de toute sujétion même apparente ; il n'est vraiment lui-même que dans la mesure où il s'appartient complètement à lui-même. Mais, pour pouvoir jouer ce rôle, pour contenir les velléités d'empiétement, imposer sa loi sans en subir aucune, il faut qu'il possède de puissants moyens d'action. Un État faible tombe nécessairement sous la dépendance d'un autre et, dans la mesure où sa souveraineté cesse d'être entière, il cesse lui-même d'être un État. D'où il suit que ce qui constitue essentiellement l'État, c'est la puissance. *Der Staat ist Macht,* cette formule, qui revient sans cesse sous la plume de Treitschke, domine toute sa doctrine.

Ce qui fait d'abord et avant tout cette puissance, c'est la force physique de la nation ; c'est l'armée. L'armée se trouve ainsi occuper, dans l'ensemble des institutions sociales, une place tout à fait à part. Ce n'est pas seulement un service public de première importance, c'est la pierre angulaire de la société ; c'est « l'État incarné ». Quand, avec Treitschke et l'Allemagne contemporaine, on fait de la guerre une chose très sainte, l'armée, organe de la guerre, ne peut pas ne pas participer de cette sainteté. Certes, une armée nombreuse et fortement organisée ne suffit pas à assurer la puissance de l'État. Encore faut-il que la politique,

---

1 I, p. 76. Tous les passages cités, sans être accompagnés d'une référence spéciale, sont empruntés aux p. 72-76 du tome I.

« dont la guerre n'est que la forme violente », soit conduite par des esprits clairs et justes, par des volontés énergiques, conscientes du but où elles doivent tendre et persévérantes dans l'effort. Il faut aussi que les soldats aient l'entraînement moral, les vertus militaires sans lesquelles le nombre et la technique la plus savante sont sans effet. La puissance de l'État suppose donc de sérieuses qualités morales. Mais ces qualités ne sont pas recherchées pour elles-mêmes : elles ne sont que des moyens en vue de donner à l'armée son maximum d'efficacité ; car c'est par l'armée que l'État réalise son essence. C'est le principe même du militarisme.

Il y a eu, il est vrai, des États qui ont cherché de préférence leur grandeur et leur gloire dans les arts, dans les lettres, dans la science : mais ils manquaient ainsi à la loi fondamentale de leur nature et c'est une faute qu'ils ont payée chèrement. « Sous ce rapport, l'histoire universelle offre, au penseur qui réfléchit, le spectacle d'une justice implacable. Le rêveur peut déplorer qu'Athènes, avec sa culture raffinée, ait succombé devant Sparte, la Grèce devant Rome, que Florence, malgré sa haute moralité, n'ait pu supporter la lutte contre Venise. Le penseur sérieux reconnaît qu'il en devait être ainsi. Tout cela est le produit d'une nécessité interne. L'État n'est pas une académie des arts. Quand il sacrifie sa puissance aux aspirations idéales de l'humanité, il se contredit et va à sa ruine [1]. » Un État n'est pas fait pour penser, pour inventer des idées neuves, mais pour agir. « Ce n'est pas Fichte, Paul Pfizer ou d'autres chercheurs qui ont fait l'Allemagne ; c'est Guillaume I, c'est Bismarck. Les grands penseurs de la politique ont leur gloire ; mais ils ne sont pas les véritables héros de l'histoire ; ce sont les hommes d'action. » Les fondateurs d'États ne sont pas des génies, au sens intellectuel du mot. L'empereur Guillaume n'avait rien de génial, mais c'était un homme de calme et de ferme volonté. C'est la force du caractère qui faisait sa force.

Mais si l'État se définit par la puissance, les États ne méritent d'être appelés ainsi que dans la mesure où ils sont réellement puissants. Les petits pays, ceux qui ne peuvent se défendre et se maintenir par leurs seules forces ne sont pas de véritables États, puisqu'ils n'existent que par la tolérance des grandes puissances. Ils n'ont et ne peuvent avoir qu'une souveraineté nominale. C'est le cas notamment des États neutres,

---

1 I, p. 34.

tels que la Belgique, la Hollande et la Suisse. Leur indépendance, en effet, n'est garantie que par des conventions internationales dont nous savons la fragilité. Que l'un des contractants en vienne à juger qu'elles ne sont plus en rapport avec la situation respective des puissances, et il a le droit de se délier. Treitschke nous indique même, par une omission involontaire, qu'à ses yeux l'autonomie de la Belgique et de la Hollande ne répond plus à l'état présent de l'Europe ; car il dit de la Suisse, mais de la Suisse seule : « Aussi longtemps qu'il ne se produira pas de changement essentiel dans la société actuelle des États, la Suisse peut compter sur une longue existence [1]. » Le silence qu'il observe sur les deux autres États neutres est significatif. Il y a, d'ailleurs, d'autres passages où il dit expressément de la Hollande qu'elle doit normalement rentrer dans la « vieille patrie allemande », que ce retour est « hautement désirable [2] », que l'Allemagne « a besoin de la Hollande comme de son pain quotidien ». Et quant à la Suisse elle-même, elle est avertie que le droit à l'existence qui lui est concédé est tout conditionnel, par conséquent provisoire : il ne vaut que *rebus sic stantibus* ; la menace n'est qu'ajournée.

D'une manière générale, il ne parle qu'avec mépris du petit État, de ce qu'il appelle, d'un mot intraduisible, la *Kleinstaaterei*. « Dans la notion même du petit État, dit-il, il y a quelque chose qui prête incontestablement au sourire. En soi, la faiblesse n'a rien de ridicule ; mais il en va tout autrement de la faiblesse qui affecte les allures de la force [3]. » L'idée d'État éveille celle de puissance ; un État faible réalise donc une contradiction. Une fierté, un orgueil sans bornes, voilà, par excellence, les vertus de l'État. Or « il n'y a que les grands États où puisse se développer un véritable orgueil national, signe de la valeur morale d'un peuple [4] ». Les larges perspectives qui y sont ouvertes aux individus y développent un « sens mondial » (*Weltsinn*). On ne peut plus se laisser enfermer dans des limites trop resserrées ; on a besoin d'espace. La domination de la mer agit surtout dans ce sens. « La mer libre libère l'esprit. » Le petit État, au contraire, rapetisse

---

[1] I, p. 42.

[2] « Daß aber wenigstens Holland noch einmal zum alten Vaterland zurückkehrt ist... dringend zu wünschen » (I, p. 128).

[3] I, p. 43.

[4] I, p. 44-45.

Émile Durkheim

tout à sa mesure. Il développe une mentalité de gueux (*eine bettelhafte Gesinnung*) : on apprend à n'y estimer l'État que d'après les impôts qu'il lève. « De là résulte un matérialisme qui a, sur les sentiments des citoyens, la plus déplorable influence [1]. »

De ce tableau, Treitschke conclut que l'existence des petits États n'est plus aujourd'hui qu'une survivance sans raison d'être. Suivant lui, il est dans la nature des choses qu'ils disparaissent : ils sont fatalement destinés à être absorbés par les grands États. Et comme la dignité de grand État n'est pleinement reconnue qu'à cinq puissances (l'Italie nous est présentée comme seulement à la veille d'être admise dans cette aristocratie des peuples européens), on entrevoit ce que deviendrait la carte de l'Europe si les conceptions de Treitschke, qui sont aussi celles de l'Allemagne actuelle, venaient jamais à se réaliser.

---

1 I, p. 43. Treitschke veut dire que, dans les petits pays, on considère comme le meilleur gouvernement celui qui coûte le moins cher et, pour cela, lève le moins d'impôts. C'est, ajoute-t-il, perdre de vue « que l'État comme la coquille de l'œuf, ne protège pas sans exercer une compression ».

Chapitre II
L'état au-dessus de la morale

Mais il y a quelque chose qui passe généralement pour supérieur à l'État : c'est la morale. Sans doute, la morale n'est faite que d'idées ; mais ces idées sont des forces qui meuvent les hommes et les dominent. L'État est-il, lui aussi, soumis à leur action ou peut-il légitimement s'en affranchir ? S'il en dépend, sa souveraineté a des limites qu'il ne lui appartient pas de déplacer à volonté. Si la morale est sans autorité sur lui, il faut dire qu'il n'a rien d'humain.

Treitschke aborde et traite la question avec un singulier mélange d'embarras et d'intrépidité. Mais, finalement, l'intrépidité l'emporte.

La Morale est pour l'État un moyen

Au XVIe siècle, un penseur n'avait pas craint de soutenir que l'État n'est pas justiciable de la conscience morale et ne doit reconnaître d'autre loi que son intérêt. C'est Machiavel. Son œuvre, expression d'un temps et d'un milieu profondément corrompus, était, depuis plusieurs siècles, universellement décriée. Son nom était devenu synonyme d'improbité politique. Frédéric II lui-même, qui pourtant ne péchait pas par excès de scrupules, avait, pendant sa jeunesse, écrit un *Anti-Machiavel*. Cette réprobation paraît à Treitschke injustifiée et il entreprend ouvertement de réhabiliter le machiavélisme.

Que Machiavel n'ait pas été en odeur de sainteté auprès des rêveurs du XVIIIe siècle, ces « humanitaires de profession » qui mettaient tout leur plaisir à « fumer le calumet de la paix [1] », rien n'est plus naturel et c'est, en partie, ce qui explique comment Frédéric le Grand s'est montré injuste pour le grand Florentin. Mais, en réalité, c'était un des précurseurs des temps modernes. « C'est lui qui a exprimé cette idée que, quand il s'agit du salut de l'État, on n'a pas à se préoccuper de la pureté des moyens employés. Qu'on sauve d'abord l'État, et tout le monde ensuite approuvera les moyens dont on s'est servi. » C'est lui qui a affranchi l'État de l'Église et qui a le premier proclamé ce principe fondamental de toute vie politique : *Der Staat ist Macht*, l'État est

[1] I, p. 93.

Émile Durkheim

puissance [1].

Toutefois, Treitschke, tout en reprenant à son compte le machiavélisme, s'efforce, par quelques concessions apparentes, de le rendre plus acceptable à la conscience morale contemporaine.

Il n'admet pas que, d'une manière générale, l'État doive ne tenir aucun compte de la morale. « Il saute aux yeux, dit-il, que l'État, ayant pour fonction de concourir à l'éducation de l'humanité, est nécessairement soumis à la loi morale. » À lire ces lignes, on pourrait croire que le principe de l'immoralisme politique se trouve, par cela même, abandonné. En réalité, tout autre est la portée de cette proposition. Poursuivons, en effet, notre lecture :

« On parle à la légère, quand on déclare que la reconnaissance et la générosité ne sont pas des vertus politiques... Voyez le traité de paix de 1866 (avec l'Autriche). C'est le plus généreux que jamais un État ait conclu après une victoire éclatante. Nous n'avons pas pris un seul village à l'Autriche, bien que nos compatriotes de Silésie eussent désiré avoir tout au moins Cracovie, point où se croisent plusieurs voies de communication. Mais, pour que, dans l'avenir, une alliance fût possible entre les deux États, il ne fallait pas ajouter de mortifications nouvelles à celle qui résultait de la défaite. Ce fut une habileté en même temps qu'un acte de générosité [2]. »

Si donc l'État doit respecter la morale, ce n'est pas qu'à ses yeux elle soit respectable en elle-même et pour elle-même, c'est qu'il se trouve avoir intérêt à la respecter. Si la politique immorale est généralement condamnable, ce n'est pas parce qu'elle est immorale, mais parce qu'elle est « impolitique [3] ». Si la générosité, la reconnaissance sont des vertus que l'État, à l'occasion, doit cultiver, « c'est uniquement quand elles ne sont pas contraires aux fins essentielles de la politique ». Aussi arrive-t-il qu'elles sont des fautes. « En 1849, les trônes de tous les petits princes allemands étaient ébranlés. Frédéric-Guillaume IV fit alors avancer

_____

1 I, p. 90.

2 I, p. 96.

3 I, p. 103.

ses troupes en Saxe et en Bavière ¹ et y rétablit l'ordre, ce qui pouvait être approuvé. Mais voici le péché mortel qu'il commit. Les Prussiens étaient-ils donc là dans le seul but de verser leur sang pour les rois de Saxe et de Bavière ? La Prusse aurait dû retirer de cette campagne un bénéfice durable. Elle avait les petits dans sa main ; il n'y avait qu'à laisser les troupes prussiennes dans les pays qu'elles occupaient, jusqu'à ce que tous ces princes se fussent soumis au nouvel empire allemand. Au lieu de cela, le roi fit simplement retirer ses troupes et alors les petits, une fois sauvés, lui firent un pied de nez... Le sang du peuple prussien avait été versé pour rien. »

C'est également par habileté que les grands hommes d'État sont d'ordinaire d'une remarquable franchise. « Frédéric le Grand, quand il entreprenait une guerre, disait toujours par avance, avec la plus grande précision, le but où il tendait. Bien qu'il n'eût aucune honte de recourir à la ruse, en général, la véracité était un des traits dominants de son caractère. Et Bismarck, quoique, dans le détail des affaires, il fît preuve d'une finesse rusée, il était, dans l'ensemble, d'une lourde et solide franchise (*massive Offenheit*) qui fut, entre ses mains, une arme très efficace. Car les petits diplomates croyaient toujours le contraire de ce qu'il disait, alors qu'il avait dit franchement ce qu'il voulait ². »

Le seul devoir de l'État est d'être fort

Mais si cet heureux accord entre les exigences de la morale et les intérêts de l'État se rencontre fréquemment, il n'est pas nécessaire. Il arrive qu'il y a conflit. Que faire alors ?

L'antinomie serait insoluble, répond Treitschke, si la morale chrétienne consistait en une sorte de code fixe, fait de préceptes inflexibles qui s'imposeraient uniformément à tous. Mais, à l'en croire, le christianisme ne posséderait aucun code de ce genre ; à l'inverse des religions orientales, il n'admettrait pas que les actes humains peuvent être classés, une fois pour toutes, en bons et en mauvais, et sa

1 Des émeutes y avaient éclaté. C'était après la dissolution du Parlement de Francfort, qui avait offert la couronne impériale à Frédéric-Guillaume IV. Celui-ci l'avait refusée, voulant la tenir, non d'un parlement, mais des princes allemands qui n'étaient pas disposés à la lui offrir.

2 I, p. 96.

Émile Durkheim

supériorité, son originalité véritable consisteraient à avoir proclamé que chacun doit se faire sa morale à sa mesure personnelle. « Chacun sent bien que, pour le chrétien, la règle est de développer sa personnalité, de se bien connaître soi-même et d'agir en conséquence. La vraie morale chrétienne n'a pas de mesure uniforme qui s'applique à tout le monde ; elle enseigne le principe *si duo facunt idem, non est idem* [1]. La grâce de Dieu a-t-elle fait de vous un artiste ? Une fois que vous en avez pris conscience, votre devoir est de développer les qualités dont vous êtes doué sous ce rapport et vos autres devoirs passent au second plan. Sans doute, on ne peut se tirer d'affaire en pareil cas sans conflits moraux, sans lourdes responsabilités ; la cause en est à la faiblesse humaine... Mais finalement, tout ce qui importe, c'est de savoir si chacun a bien reconnu quelle était sa vraie nature et s'il l'a portée au plus haut degré de perfection possible [2]. »

Cette façon d'interpréter la morale chrétienne ne laissera pas de surprendre. Dire que, pour le christianisme, il n'y a pas d'actes qui soient objectivement bons ou mauvais, c'est revenir à la théorie, si souvent reprochée aux Jésuites, qui fait dépendre toute la valeur morale des actes des intentions de l'agent. Dire que l'unique vertu chrétienne est de développer sa personnalité, c'est méconnaître que, pour tout chrétien, le premier devoir est de se désintéresser de soi-même, de s'oublier, de s'immoler pour quelque fin supérieure. Manifestement, cette exégèse, d'ailleurs bien sommaire, n'est là que pour faire figure d'argument. Il s'agit avant tout d'assouplir la morale de façon que l'État puisse l'accommoder à ses fins. En effet, ce principe une fois posé, tout le reste suit.

Entre l'individu et l'État, il n'y a pas de commune mesure ; entre ces deux êtres, il y a une différence de nature. La morale de l'un ne saurait donc être celle de l'autre. « Il faut distinguer avec soin entre la morale privée et la morale publique. La hiérarchie des devoirs ne saurait être la même pour l'État et pour les particuliers. Il y a toute une série de devoirs qui incombent à l'individu et dont l'État n'a pas à se soucier. » Il est essentiellement puissance ; le devoir est, pour lui, de développer

1 « Le même acte fait par deux personnes différentes n'est pas le même dans les deux cas. »

2 I, p. 99-100.

sa nature de puissance. « S'affirmer soi-même, voilà, pour lui, en toutes circonstances, le devoir suprême ; voilà ce qui, pour lui, est bon absolument. Pour la même raison, on doit dire expressément que, de tous les péchés politiques, le pire de tous, celui qu'on doit mépriser le plus, c'est le péché de faiblesse. Dans la vie privée, il y a des faiblesses sentimentales qui sont excusables. Quand il s'agit de l'État, il ne peut être, en pareil cas, question d'excuse : il est puissance et, s'il trahit son essence, il ne saurait être assez blâmé. » « L'individu, dit ailleurs Treitschke, doit se sacrifier à l'une des collectivités dont il dépend. *L'État est ce qu'il y a de plus élevé dans la série des collectivités humaines... Pour lui, par conséquent, le devoir chrétien du sacrifice de soi à quelque fin plus haute n'existe pas* ; car, dans toute la suite de l'histoire universelle, on ne trouve rien qui soit au-dessus de l'État. »

Ainsi, de l'humanité, des devoirs que l'État peut avoir envers elle, pas un mot. Pour l'État, elle ne compte pas ; il est à lui-même sa propre fin et, en dehors de lui, il n'y a rien à quoi il doit s'attacher. Voilà démontrée logiquement la fameuse formule que l'Allemand apprend à répéter depuis sa première enfance. *Deutschland über alles* : pour l'Allemand, rien n'est au-dessus de l'État allemand. L'État n'a qu'un devoir : se faire le plus large possible sa place au soleil, en refoulant ses rivaux. L'exclusion radicale de tout autre idéal paraîtra, à bon droit, monstrueuse. Et sans doute, que la morale de l'État ne soit pas simple, que l'État se trouve souvent placé en face de devoirs contradictoires entre lesquels il ne peut choisir sans de douloureux conflits, c'est ce que nul ne songe à contester. Mais que l'humanité soit simplement rayée des valeurs morales dont il doit tenir compte, que tous les efforts faits, depuis vingt siècles, par les sociétés chrétiennes pour faire passer un peu de cet idéal dans la réalité soient considérés comme inexistants, c'est ce qui constitue un scandale historique aussi bien que moral. C'est un retour à la morale païenne. Ce n'est même pas assez dire, car les penseurs de la Grèce avaient, depuis longtemps, dépassé cette conception ; c'est un retour à la vieille morale romaine, à la morale tribale, d'après laquelle l'humanité ne s'étendait pas au-delà de la tribu ou de la cité [1].

Dans cette morale-là, nous ne saurions reconnaître celle que nous pratiquons. Car la morale pour nous, c'est-à-dire pour tous les peuples

---

1 On a prêté à Guillaume II ce mot : « Pour moi, l'humanité finit aux Vosges. »

civilisés, pour tous ceux qui se sont formés à l'école du christianisme, a, avant tout, pour objet de réaliser l'humanité, de la libérer des servitudes qui la diminuent, de la rendre plus aimante et plus fraternelle. Dire que l'État doit être sourd aux grands intérêts humains, c'est donc le mettre en dehors et au-dessus de la morale. Aussi bien Treitschke reconnaît-il lui-même que la politique, telle qu'il l'entend, ne peut devenir morale que si la morale change de nature. « Il faut, dit-il, que la morale devienne plus politique pour que la politique devienne plus morale [1]. »

Voilà pourquoi nous pouvions dire [2] qu'en paraissant admettre une sorte de supériorité de Dieu par rapport à l'État, Treitschke ne faisait qu'une réserve de style. C'est que le seul Dieu que reconnaissent les grandes religions d'aujourd'hui, ce n'est pas le dieu de telle cité ou de tel État, c'est le Dieu du genre humain, c'est Dieu le père, législateur et gardien d'une morale qui a pour objet l'humanité tout entière. Or l'idée même de ce Dieu est étrangère à la mentalité que nous étudions.

La fin justifie les moyens

Mais, admettons que l'accroissement de son pouvoir soit, pour l'État, la seule fin qu'il doive poursuivre ; d'après quel principe devra-t-il choisir les moyens nécessaires pour atteindre cette fin ? Tous ceux qui mènent au but sont-ils légitimes, ou bien la morale commune va-t-elle, ici, reprendre ses droits ?

À cette question, Treitschke répond par le fameux aphorisme : *la fin justifie les moyens* ; il se borne à l'atténuer légèrement. « Sans doute, dit-il, quand on dénonce sous une forme radicale et abrupte cette maxime bien connue des Jésuites, elle a quelque chose de brutal qui froisse ; mais qu'elle contienne une certaine vérité, c'est ce que personne ne peut contester. Il y a malheureusement d'innombrables cas, dans la vie de l'État comme dans la vie des particuliers, où l'emploi de moyens parfaitement purs est impossible. Assurément, quand, pour atteindre une fin morale, on peut n'employer que des moyens également moraux, il faut les préférer, alors même qu'ils seraient plus longs à agir et moins

---

1 I, p. 105.
2 Cf. *supra*, chap. I, 1.

commodes [1]. » Mais, dans le cas contraire, il faut recourir à d'autres ; c'est une question d'espèces et même de circonstances.

Ainsi, la franchise est souvent en politique une force et une habileté. Mais la remarque ne reste vraie qu'à condition de n'être pas érigée en règle absolue. « Quand on a affaire à des peuples qui sont encore à un niveau inférieur de civilisation, il est clair que la politique doit adapter à leur mentalité les moyens qu'elle emploie. Ce serait folie, pour un historien, que de vouloir juger la politique européenne en Afrique ou en Orient d'après les principes qui servent en Europe. Là-bas, *quiconque ne sait pas terroriser est perdu.* » Et Treitschke cite l'exemple des Anglais qui, il y a plus d'un demi-siècle, faisaient attacher les Hindous rebelles à la bouche de leurs canons de façon que le coup dispersât à tous les vents le corps des victimes. Ces procédés terribles de répression, que les mœurs d'alors toléraient, que les nôtres actuellement condamnent et que l'Angleterre d'aujourd'hui est certainement unanime à réprouver, Treitschke les juge légitimes et naturels. « Puisque, dit-il, la domination des Anglais sur l'Inde était, à leurs yeux, morale et nécessaire, on ne peut blâmer les moyens employés. » C'est presque le seul cas où Treitschke ait exprimé sur l'Angleterre un jugement favorable.

En Europe également, il arrive que l'homme d'État doit plier la morale aux nécessités des temps et des circonstances. Il y a très souvent des peuples qui, tout en étant officiellement en paix les uns avec les autres, sont, en fait, dans un état de « guerre voilée ». Il faut entendre par là que, sous la paix apparente, il y a une guerre latente qui gronde et cette situation peut durer très longtemps, « des dizaines d'années ». « Il est parfaitement évident que beaucoup de ruses diplomatiques se justifient tout simplement par cet état de guerre latent. Qu'on se souvienne, par exemple, des négociations entre Bismarck et Benedetti. Alors que Bismarck espérait encore qu'il serait peut-être possible d'éviter une grande guerre, arrive Benedetti avec la liste de ses exigences éhontées. Que Bismarck l'ait amusé avec des demi-promesses, en lui laissant croire que l'Allemagne pourrait consentir à ce qu'il demandait, n'était-ce pas pleinement moral ? Il en est de même des procédés de corruption que l'on emploie, dans de semblables circonstances, contre un autre État. Il est ridicule de s'élever bruyamment contre ces pratiques au nom de

---

1 I, p. 106.

la morale et de demander à l'État de ne rien faire que le catéchisme en mains. »

En résumé, la politique est une rude besogne dont il n'est pas possible de s'acquitter en gardant « des mains entièrement nettes [1] ». Il y a des scrupules, une délicatesse excessive de la conscience morale dont elle ne peut s'accommoder. « L'homme d'État n'a pas le droit de se chauffer confortablement les mains aux ruines fumantes de sa patrie, tout content de pouvoir se dire : je n'ai jamais menti ; c'est là une vertu de moine. » La morale est faite pour les petites gens qui ne font que de petites choses. Mais quand on a l'ambition d'en faire de grandes, on est bien obligé de sortir des cadres étroits qu'elle nous trace ; des actes de large envergure ne peuvent se couler dans des moules tout faits qui conviennent à tout le monde. Et l'État, par sa nature même, est tenu de faire grand.

---

1 « Mit ganz reinen Händen. »

Chapitre III
L'État au-dessus de la société civile

Jusqu'à présent, nous avons surtout considéré l'État dans ses rapports avec les États étrangers. Mais, outre ses fonctions internationales, l'État a un rôle à remplir dans la vie intérieure de la société. Il est utile de chercher comment, suivant Treitschke, ce rôle doit être entendu : un des traits essentiels de la psychologie allemande en sera précisé.

Antagonisme de l'État et de la société civile

Dans notre terminologie usuelle, cette question peut s'énoncer ainsi : quels sont les rapports de l'État avec l'ensemble des citoyens, avec la masse de la nation ou, comme on dit encore, avec le peuple ?

Pour une société démocratique, le peuple et l'État ne sont que deux aspects d'une seule et même réalité. L'État, c'est le peuple prenant conscience de lui-même, de ses besoins et de ses aspirations, mais une conscience plus complète et plus claire. Pour l'Allemagne, au contraire, entre ces deux éléments nécessaires de toute vie nationale, il y a une distinction radicale, et même une sorte de contradiction.

Pour désigner ce que nous appelons le peuple, quand nous l'opposons à l'État, Treitschke et, avec lui, nombre de théoriciens allemands emploient plus volontiers l'expression de société civile (*die bürgerliche Gesellschaft*). La société civile comprend tout ce qui, dans la nation, ne ressortit pas directement à l'État : la famille, le commerce et l'industrie, la religion (là où elle n'est pas chose d'État), la science, l'art. Toutes ces formes d'activité ont ce caractère commun que nous nous y adonnons de nous-mêmes, par pure spontanéité. Elles ont leurs origines dans les penchants naturels de l'homme. C'est de nous-mêmes que nous fondons une famille, que nous aimons nos enfants, que nous travaillons à satisfaire leurs besoins matériels et les nôtres, que nous cherchons la vérité, que nous goûtons les plaisirs esthétiques. Il y a là toute une vie qui naît et se développe sans que l'État intervienne.

Mais, par cela même que toutes ces occupations sont déterminées par des mobiles privés, elles ne sont pas orientées vers un seul et même but.

Émile Durkheim

Chaque famille, chaque industrie, chaque industriel, chaque confession religieuse, chaque école scientifique, philosophique, artistique, chaque savant, chaque philosophe, chaque artiste a ses intérêts propres et sa manière propre de chercher à les atteindre. La société civile est donc une mosaïque d'individus et de groupes particuliers qui poursuivent des fins divergentes, et le tout formé par leur réunion manque, par suite, d'unité. Les relations multiples qui se nouent ainsi d'individu à individu, ou de groupe à groupe, ne constituent pas un système naturellement organisé. L'agrégat qui en résulte n'est pas une personnalité : ce n'est qu'une masse incohérente d'éléments disparates. « Où est l'organe commun de la société civile ? Il n'y en a pas. Il est visible pour tout le monde que la société civile n'est pas quelque chose de déterminé et de saisissable comme l'État. Un État a une unité ; nous le connaissons comme tel ; ce n'est pas une personnalité mystique. La société civile n'a aucune unité de volonté. »

Plusieurs écoles de savants allemands (Niebuhr, Savigny, Latzarus et Steinthal) ont, il est vrai, attribué à la nation, abstraction faite de l'État, une sorte d'âme (*die Volksseele*) et, par conséquent, de personnalité. Un peuple, par cela seul qu'il est un peuple, aurait un tempérament intellectuel et moral, un caractère qui s'affirmerait dans tout le détail de ses pensées et de ses actes, mais dans la formation duquel l'État ne serait pour rien. Cette âme populaire viendrait s'exprimer dans des monuments littéraires, épopées, mythes, légendes, etc., qui, sans être dus à aucun auteur déterminé, auraient une unité interne comme les œuvres des particuliers. C'est de la même source que viendraient ces corps de coutumes juridiques, formes premières du droit, que l'État, peut bien codifier plus tard, mais qu'il ne crée pas. Ce fut même un des services rendus par la science allemande d'autrefois que d'avoir appelé l'attention sur ces forces impersonnelles, anonymes, obscures qui ne sont pas les moindres facteurs de l'histoire. Mais, pour Treitschke, toutes ces conceptions ne sont que des constructions abstraites, « simples modes d'un jour, destinées à passer comme les neiges de l'hiver. Comment peut-on dire que, à un moment déterminé, l'âme du peuple ait décidé quelque chose [1] ? »

Non seulement la société civile n'a pas d'unité naturelle, mais elle est

---

1 I, p. 65

grosse de conflits intestins ; car tous ces individus, tous ces groupes poursuivent des intérêts contraires qui s'entrechoquent nécessairement. Chacun tend à s'étendre et à se développer au détriment des autres. La concurrence n'est pas seulement la loi de la vie économique, mais aussi de la vie religieuse, de la vie scientifique, artistique, etc. Chaque entreprise industrielle ou commerciale lutte contre les entreprises rivales ; chaque confession religieuse, chaque école philosophique ou artistique s'efforce de l'emporter sur les confessions ou les écoles différentes. La thèse optimiste d'après laquelle les intérêts particuliers s'harmoniseraient d'eux-mêmes, par une sorte d'entente spontanée due à la claire conscience de leur solidarité, est une vue de théoriciens sans rapport avec les faits. Entre l'intérêt public et l'intérêt privé, il y a un abîme ; le premier est tout autre chose que le second approfondi et bien compris. Là donc où les mobiles privés sont seuls agissants, il ne peut y avoir qu'antagonismes déréglés. « La société civile est le théâtre d'une mêlée confuse de tous les intérêts possibles qui luttent les uns contre les autres. S'ils étaient abandonnés à eux-mêmes, à en résulterait une guerre de tous contre tous, *bellum omnium contra omnes.* »

L'État a justement les exigences contraires. Il a, avant tout, besoin d'unité, d'ordre, d'organisation. L'État est une personne qui a conscience de soi ; il dit *moi, je veux*. Et ce moi ne varie pas d'un instant à l'autre ; mais il se développe, identique à soi-même dans ses traits essentiels, à travers la série des générations. L'État, c'est la stabilité opposée à ce kaléidoscope mouvant qu'est la société civile. Son activité a les mêmes caractères. Elle est faite d'efforts suivis et persévérants, en vue de fins constantes, élevées, lointaines, et elle contraste par-là avec la dispersion des activités privées, tout occupées à la poursuite d'intérêts prochains, variables et souvent contraires. La société est donc faite de deux sortes de forces qui sont orientées en des sens opposés. Elle recèle une véritable antinomie.

Le devoir des citoyens est d'obéir

En réalité, cette antinomie n'existe pas dans les faits. S'il est vrai qu'entre l'intérêt publie et l'intérêt privé il y a un abîme, il est faux que les particuliers ne soient mus que par leur intérêt propre. En s'unissant, en se liant les uns aux autres, ils prennent conscience des groupes qu'ils

Émile Durkheim

forment, depuis les plus simples jusqu'aux plus élevés, et ainsi prennent spontanément naissance des sentiments sociaux que l'État exprime, précise et règle, mais qu'il suppose. Son action trouve donc un appui dans les consciences individuelles, loin de n'y rencontrer que des résistances. Mais pour Treitschke, qui, sur ce point, ne fait que reprendre une vieille tradition allemande [1], entre l'individu et l'État, il y a une véritable antithèse ; seul, l'État aurait le sens de la chose commune. Dans ces conditions, pour que ces deux forces, manifestement opposées l'une à l'autre, puissent s'unir et former un tout, il faut que l'une d'elles subisse la loi de l'autre. C'est naturellement à l'État que Treitschke accorde le droit d'exercer cette action prépondérante ; car, suivant lui, l'État est comme le principe vital de la société.

Il est vrai que, de nos jours, une conception différente tend de plus en plus à s'accréditer. Nombre d'historiens professent que l'État est plus une résultante qu'une cause ; que les événements où il joue le premier rôle, guerres, négociations diplomatiques, traités de toutes sortes sont ce qu'il y a de plus superficiel dans la vie sociale ; que les vrais facteurs du développement historique, ce sont les idées et les croyances, la vie économique, la technique, l'art, etc. On dit que la place des peuples dans le monde dépend, avant tout, de leur degré de civilisation. Mais, suivant Treitschke, cette façon d'entendre l'histoire serait contraire à tout ce que l'histoire elle-même nous enseigne : ce qui a fait la grandeur des nations dans le passé, c'est leur activité politique, c'est la manière dont l'État s'est acquitté de ses fonctions. « Il n'y a pas de peuple dont les actes aient eu une influence aussi durable que les Romains, et cependant les Romains n'ont été supérieurs ni en art ni en littérature ; ils ne se sont pas davantage distingués en matière d'invention. Horace et Virgile ne font que traduire en latin la poésie grecque. *Mais les Romains furent un des peuples les plus redoutables qu'ait connus l'histoire universelle.* » Au contraire, quand une société met la vie économique ou artistique au premier plan de ses préoccupations, « elle tombe sous la dépendance des penchants inférieurs de notre nature ». C'est le cas de la Hollande à partir du moment où elle cessa de lutter contre la puissance mondiale de l'Espagne. De même, quand, au XVIIIe siècle, les intérêts artistiques et littéraires devinrent prépondérants en Allemagne, l'Allemagne

---

1 Ce n'est pas la seule conception qu'on rencontre en Allemagne ; mais c'est la plus classique.

Chapitre III

« retomba du ciel sur la terre [1] ». « Ce sont les hommes d'État et les chefs d'armée qui sont les vrais héros historiques. Quant aux savants et aux artistes, s'ils appartiennent aussi à l'histoire, il s'en faut que la vie historique se réduise à leurs productions tout idéales. Plus on s'éloigne de l'État, plus on s'éloigne aussi de la vie de l'histoire [2]. »

C'est donc à l'État qu'il appartient de dicter ses lois, et puisqu'il ne peut se passer d'unité, il faut que la société civile se plie à ses exigences. Par elle-même, elle est réfractaire à l'ordre ; l'État le lui imposera. « Le droit, la paix, l'ordre ne peuvent naître de la multiplicité des intérêts sociaux en conflit les uns avec les autres, mais uniquement de cette puissance qui domine la société, armée d'une force capable de contenir et d'enchaîner les passions sociales [3]. » C'est donc par une action coercitive que l'État arrive à faire régner l'ordre : « il ne peut agir que par une contrainte externe. » Il commande et l'on obéit : « l'obéissance est le premier des devoirs civiques [4] ». Sans doute, la contrainte est sans effet sur l'intérieur des consciences ; elle ne peut obtenir que des actes, mais l'État ne réclame rien de plus. Ce qui lui importe, c'est le fait matériel de l'obéissance, non la manière dont on obéit. « Il dit : ce que vous pensez m'est tout à fait indifférent ; mais il faut que vous obéissiez... Il y a progrès, quand l'obéissance silencieuse des citoyens se double d'un assentiment intérieur et réfléchi ; mais cet assentiment n'est absolument pas nécessaire. Des empires se sont maintenus pendant des siècles en qualité d'États puissants et hautement développés sans cet acquiescement intérieur des citoyens. Ce qu'il faut, avant tout, à l'État, c'est le geste dans ce qu'il a de plus extérieur... *Son essence est de réaliser ce qu'il veut. L'effroyable principe* bia bia biasetai (la force est contrainte par la force) *domine toute l'histoire des États* [5].

Mais pour que l'État puisse ainsi se faire obéir, il faut qu'il soit fort, puissant. Il est donc, avec ses propres nationaux, ce qu'il est avec les États étrangers : il est essentiellement puissance. Par suite, son devoir, au-dedans comme au-dehors, est d'affirmer cette puissance.

---

1 I, p. 60.

2 I, p. 64.

3 I, p. 56.

4 I, p. 143.

5 I, p. 32-33.

Émile Durkheim

Pour cela, il tiendra la main à ce que ses décisions, une fois prises, soient impitoyablement exécutées. Il ne faut pas qu'on sente chez lui la moindre hésitation, signe de faiblesse. « À l'intérieur également, l'essentiel est la puissance, l'affirmation persévérante et la réalisation intégrale de la volonté de l'État. Un État qui laisse le moindre doute sur la fermeté de sa volonté et de ses lois ébranle le sentiment du droit [1]. » Si l'on résiste, qu'il frappe et rudement, c'est le seul moyen de donner le sentiment de sa force. « Qu'on se rappelle avec quelle sentimentalité les princes allemands usèrent, pendant longtemps, de leur droit de grâce. Les philanthropes avaient tellement gémi sur l'immoralité de la peine de mort que les princes furent contaminés par le même sentiment ; on en vint à ce point qu'à n'y eut plus de décapitation en Allemagne [2]. » La politique ne va pas sans dureté ; c'est précisément pour cela que les femmes n'y peuvent lien entendre.

L'homme d'État idéal

De cette analyse se dégage le portrait de l'homme d'État idéal, tel que Treitschke le conçoit.

Avant tout, il doit avoir une ambition massive (*massive Ehrgeiz* [3]). Car, comme l'État est, par essence, ambitieux, comme il aspire à être toujours plus grand et plus puissant, un homme trop modeste dans ses desseins ne pourrait l'aider à remplir ses destinées.

Pour réaliser ses ambitions, il faut naturellement qu'il soit intelligent, d'une intelligence essentiellement réaliste, qui le mette en garde contre « l'enivrement des belles pensées politiques ». Car c'est le résultat seul qui doit compter à ses yeux ; « c'est dans le résultat qu'il trouve son bonheur ».

Mais la qualité qui lui est le plus indispensable, c'est une volonté intraitable. « L'art de la politique réclame un caractère de fer. » Son rôle est de dominer, de maîtriser, de contraindre tant les citoyens que les États étrangers ; on dirait que son action s'exerce contre la nature des choses ;

1 I, p. 101.

2 I, p. 102.

3 I, p. 66.

de tous côtés, elle se heurte à des résistances, égoïsme des individus, ambitions rivales des autres États, contre lesquelles il lui faut lutter. Pour en triompher, il a besoin d'une énergie indomptable. C'est pourquoi, une fois qu'il s'est fixé un but, il y va d'un pas inflexible « sans se laisser arrêter par des scrupules dans le choix des moyens et des personnes. » Que l'idée de l'État, toujours présente à son esprit, l'empêche de se laisser amollir par des considérations de morale privée ou par les suggestions de la sensibilité : la philanthropie, l'humanitarisme ne sont pas son fait. Sans doute, il est inévitable que, dans ces conditions, quelque chose d'âpre, de rude, de plus ou moins haïssable s'attache à sa personne [1]. Mais peu lui importe : sa tâche n'en reste pas moins la plus noble qui puisse incomber à un être humain.

Ainsi, que certaines qualités de cœur lui soient utiles — ne serait-ce que pour mieux comprendre ce qui se passe dans les cœurs d'autrui — ; que, pour pouvoir agir sur les hommes, il ne puisse rester étranger aux grandes aspirations humaines ; qu'il doive employer une partie du pouvoir dont il dispose pour réaliser un peu de justice entre les individus comme entre les peuples ; qu'un peu de sympathie soit un instrument d'action dont on ne saurait se passer, c'est à quoi Treitschke ne pense même pas. — Sous le portrait idéal qu'il nous trace, on aperçoit aisément le personnage historique qui lui a servi de modèle : c'est le Chancelier de fer.

---

1 « Mit allem Groben und Herben was ihn anhaften muß » (*id.*).

Émile Durkheim

Chapitre IV
Les faits de la guerre expliqués par cette mentalité

On s'explique maintenant comment l'Allemagne a pu se rendre coupable des actes dont elle est accusée : ils sont l'application logique des idées qui précèdent.

La violation de la neutralité belge et des conventions de La Haye

Quand on admet l'étrange conception du droit international qui vient d'être exposée, la violation de la neutralité belge apparaît comme un acte parfaitement licite et naturel. L'Allemagne ne pouvait éprouver de scrupules à violer le traité qu'elle avait signé, du moment où elle ne reconnaît pas de force obligatoire aux contrats internationaux qu'elle souscrit. Voilà ce qui donne tout son sens au langage que M. de Bethmann-Hollweg tint, le 4 août 1914, à l'ambassadeur d'Angleterre, Sir E. Goschen, quand il osa déclarer que la neutralité belge n'était qu' « un mot », que les traités qui la garantissaient n'étaient que « chiffons de papier ». Ces expressions n'étaient pas de simples boutades, arrachées au Chancelier par la colère et le dépit : elles traduisaient un sentiment réellement éprouvé, une vérité qui lui paraissait aller de soi. Quand l'Allemagne traite avec d'autres États, elle ne se sent pas réellement et efficacement liée par les engagements qu'elle prend.

Ce principe, une fois connu, ôte toute valeur au prétexte par lequel le gouvernement allemand essaya, plus tard, de justifier son crime quand il allégua qu'il avait été contraint d'envahir la Belgique pour devancer la France qui se préparait à en faire autant. Aussi bien, pendant longtemps, ne donna-t-il cette excuse qu'à titre complémentaire et surérogatoire. C'était le moment où le Chancelier de l'empire, revendiquant fièrement le principe de Treitschke, affirmait à la tribune du Reichstag qu'il n'y a pas de devoir contre la nécessité, *Not hat kein Gebot*. Et Harnack, historien du christianisme, ne craignait pas de renchérir encore sur ce cynisme officiel quand, s'adressant aux notabilités du protestantisme anglais, il écrivait : « Notre Chancelier, avec la haute conscience qui le caractérise, a reconnu qu'il s'agissait là d'un évident déni de droit. Je ne puis, pour ma part, le suivre et reconnaître là un déni formel de droit ; car nous étions dans une situation où il ne subsiste réellement plus de forme, mais seulement des devoirs moraux... Il y a un droit de nécessité qui brise le fer, encore bien plus un contrat. » Plus tard, comme le succès foudroyant sur lequel on avait compté pour se faire amnistier ne s'était pas produit, on sentit le besoin de tenir un langage moins brutal et de ménager davantage la conscience publique ; mais c'est dans ces aveux primitifs qu'il faut aller chercher la raison véritable qui détermina l'Allemagne.

C'est naturellement le même principe qui explique les innombrables violations des conventions de La Haye que le gouvernement allemand a commises sans même daigner s'en disculper.

Les petits États menacés dans leur existence

Mais, en se jetant sur la Belgique, l'Allemagne n'entendait pas seulement s'assurer, en dépit des traités, une route plus rapide vers Paris. Une autre raison, que Treitschke nous a également fait connaître, achève d'expliquer cet acte de force et, du même coup, en montre mieux la gravité éventuelle : c'est que, pour l'Allemagne, les petits États ne sont pas des États véritables. En effet, leur faiblesse constitutionnelle ne leur permet pas de s'affirmer comme puissances, c'est-à-dire comme États ; ils n'ont donc pas droit à ce respect que peuvent normalement revendiquer ces grandes personnes morales que sont les États proprement dits. Véritables anachronismes historiques, ils sont appelés à se perdre dans des États plus vastes, et l'État plus grand qui les absorbe ne fait, en ce cas, que les rendre à leur vraie nature. Il est comme l'exécuteur des lois de l'histoire.

Cette thèse est si bien celle du gouvernement allemand que M. de Jagow, le secrétaire d'État aux Affaires étrangères, n'a pas craint de la défendre pour son propre compte. Causant un jour, avec un ambassadeur, du vaste empire colonial que possède la Belgique, il faisait remarquer que l'Allemagne était en bien meilleure situation pour en tirer parti et, « en développant son opinion, il essaya de faire partager à son interlocuteur, son mépris pour les titres de propriété des petits États ; seules, les grandes puissances avaient, selon lui, le droit et le pouvoir de coloniser. Il dévoila même le fond de sa pensée : les petits États ne pourraient plus jouir, dans la transformation qui s'opérait en Europe au profit des nationalités les plus fortes, de l'existence indépendante qu'on leur avait laissé mener jusqu'à présent ; ils étaient destinés à disparaître ou à graviter dans l'orbite des grandes puissances. » Cette conversation avait lieu quelques mois avant la guerre. De même, dans un rapport officiel et secret, qu'a publié le *Livre jaune* et qui, émané certainement d'une haute personnalité allemande, exprime suivant toute vraisemblance la pensée du gouvernement, on lit : « Dans la prochaine guerre européenne, il faudra aussi que les petits États soient contraints à nous suivre ou soient domptés. Dans certains cas, leurs armées et leurs places fortes peuvent être facilement vaincues ou neutralisées [1]. »

En envahissant la Belgique, les Allemands avaient donc l'impression qu'ils pénétraient sur un territoire qui était une sorte de *res nullius*, et qu'ils entendaient bien faire leur en quelque manière. Sans doute, ils avaient promis de l'évacuer, une fois que les hostilités seraient terminées ; mais on sait ce que valent leurs promesses. Il y a, d'ailleurs, bien des manières différentes de réduire un État en vasselage. Le Luxembourg n'a opposé aucune résistance à l'occupation allemande. Nul, pourtant, ne met en doute que, si l'Allemagne était victorieuse, le grand-duché ne recouvrerait jamais son ancienne autonomie.

La guerre systématiquement inhumaine

Quand nous accumulons les preuves pour établir que la guerre est conduite par l'état-major allemand avec une inhumanité sans exemple dans l'histoire, on nous répond souvent que les faits dont nous parlons ne sont, en définitive, que des cas isolés, individuels, comme il s'en produit dans toute armée en campagne, et que nous ne sommes pas fondés à généraliser. Mais, en réalité, ces actes d'atrocité, dont on a multiplié les exemples, ne sont que la mise en œuvre d'idées et de sentiments qui sont, depuis longtemps, inculqués à la jeunesse allemande.

Qu'on se rappelle, en effet, la morale politique de Treitschke. L'État est au-dessus de la morale ; il ne reconnaît pas de fin qui le dépasse, mais il est à lui-même sa propre fin. Travailler à être le plus puissant possible de, façon à pouvoir imposer ses volontés aux autres États, voilà pour lui le bien, et tout ce qui sert à atteindre ce but est légitime et moralement

---

1 *Livre jaune*, n° 2, annexe, p. 11.

bon. Appliquez ces axiomes à la guerre et vous aurez les maximes dans lesquelles le grand état-major allemand a condensé sa conception du devoir militaire en temps d'hostilités. Certaines de ces propositions rappellent directement celles de Treitschke. « Peut être employé, dit l'état-major, tout moyen sans lequel le but de la guerre ne saurait être atteint [1]. » C'est la réédition, sous une forme particulière, du précepte général de Treitschke : en matière politique, la fin justifie les moyens. D'où il suit, suivant un mot du général von Hartmann, que « le droit des gens devra se garder de paralyser l'action militaire en lui imposant des entraves ». Si, pour abattre la volonté de l'adversaire, il est bon de terroriser la population civile, on la terrorisera et tous les moyens efficaces, si terribles qu'ils puissent être, seront licites.

D'autre part, les atrocités particulières commises par les troupes ne sont que l'application méthodique de ces préceptes et de ces règlements. Ainsi, tout se tient et s'enchaîne sans solution de continuité : une conception déterminée de l'État se traduit en règles d'action édictées par l'autorité militaire, et ces règles, à leur tour, se réalisent en actes par l'intermédiaire des individus. Il ne s'agit donc pas, en tout ceci, de fautes individuelles, plus ou moins nombreuses ; mais on est en présence d'un système, parfaitement organisé, qui a ses racines dans la mentalité publique et qui fonctionne automatiquement [2].

---

1 *Lois et Coutumes de la guerre continentale*, p. 9.

2 Treitschke a traité lui-même, très brièvement, la question des lois de la guerre. Le principe dont il part est bien celui sur lequel repose la doctrine officielle de l'état-major allemand : tout doit être subordonné aux nécessités militaires. « La guerre, écrit-il, sera, de plein droit, conduite de la manière qui promet d'être la plus efficace, parce que son but, qui est la paix, sera ainsi atteint le plus vite possible. Pour cette raison, il faut s'appliquer à frapper l'ennemi au cœur. Les armes les plus terribles sont ici absolument permises, pourvu qu'elles ne causent pas de souffrances inutiles aux blessés. À cela, il ne sera rien changé par les déclamations des philanthropes... » (II, p. 564). Dans l'application du principe, il fait preuve d'une relative modération. Il condamne, par exemple, la destruction inutile des œuvres d'art et recommande le respect de la propriété privée. Toutefois, l'humanité qu'il laisse filtrer dans le petit code de droit des gens qu'il établit est dosée au compte-gouttes. Après avoir reconnu qu'aujourd'hui la conscience publique n'admet pas que, dans la guerre entre civilisés, on incendie villes et villages, il ajoute : « On ne doit pas faire de l'État un champ d'expériences pour sentiments humanitaires » (III, p. 569).
On s'explique mal, d'ailleurs, que Treitschke parle d'un droit international en temps de guerre, puisque l'État n'a de comptes à rendre qu'à lui-même. Il ne *doit* rien au sens propre du mot.

Émile Durkheim

Négation du droit des nationalités

Enfin, on a pu noter, chemin faisant, combien cette même mentalité est fermée à l'idée de nationalité et au principe qui en dérive.

Une nationalité est un groupe humain dont les membres, pour des raisons ethniques ou simplement historiques, Veulent vivre sous les mêmes lois, former un même État, petit ou grand il n'importe ; et c'est aujourd'hui un principe, parmi les nations civilisées, que cette volonté commune, quand elle s'est affirmée avec persévérance, a droit au respect, qu'elle est même le seul fondement solide des États. Mais cette vérité fait l'effet d'une niaiserie sentimentale quand, avec Treitschke, on admet qu'un État peut se maintenir par la seule contrainte, que l'acquiescement intime des citoyens lui est inutile, que son autorité peut être efficace sans être librement consentie. Puisque de grands empires ont duré sans être voulus par leurs sujets [1], il n'y a pas à craindre de violenter les peuples si, par ce moyen, on peut édifier de grands et puissants États.

De là vient le goût de l'Allemagne pour les conquêtes et les annexions. Peu lui importe ce que sentent et ce que veulent les hommes. Tout ce qu'elle demande, c'est qu'ils se soumettent à la loi du vainqueur et elle se charge elle-même de se faire obéir. Elle ne songe même pas qu'il puisse y avoir lieu pour elle de faire oublier ensuite ses violences, de gagner les vaincus et de se les assimiler. L'Allemagne n'a jamais reconnu le droit des peuples à disposer d'eux-mêmes. C'est le principe de sa politique et elle annonce par avance qu'elle ne s'en départira pas au jour de la paix, si elle est en état d'imposer ses lois.

---

1 Cf. *supra*, chap. III, 2.

Chapitre V
Caractère morbide de cette mentalité

Ainsi, il existe bien un système d'idées que des mains savantes ont organisé dans l'esprit allemand et qui rend compte de ces actes dont on voudrait croire l'Allemagne incapable. Ce système, nous ne l'avons pas reconstruit artificiellement par des procédés indirects ; il s'est offert de lui-même à notre analyse. Les conséquences pratiques qui en dérivent, ce n'est pas nous qui les avons déduites dialectiquement ; elles ont été énoncées, comme légitimes et naturelles, par ceux-là mêmes qui ont le plus contribué à constituer ce système. Nous pouvons voir ainsi par où et comment elles se rattachent à une certaine forme de la mentalité allemande, comme à leur principe. Loin qu'il y ait lieu de s'étonner qu'elles se soient produites, on pouvait facilement les prévoir avant l'événement, comme on prévoit l'effet d'après sa cause.

D'ailleurs, nous n'entendons pas soutenir que les Allemands soient individuellement atteints d'une sorte de perversion morale constitutionnelle qui corresponde aux actes qui leur sont imputés. Treitschke était une nature rude, mais ardente et désintéressée, un caractère d'une haute noblesse, « pleine de condescendance envers les hommes ». Les soldats qui ont commis les atrocités qui nous indignent, les chefs qui les ont prescrites, les ministres qui ont déshonoré leur pays en refusant de faire honneur à sa signature sont, vraisemblablement, au moins pour la plupart, des hommes honnêtes qui pratiquent exactement leurs devoirs quotidiens. Mais le système mental qui vient d'être étudié n'est pas fait pour la vie privée et de tous les jours. Il vise la vie publique, et surtout l'état de guerre, car c'est à ce moment que la vie publique est la plus intense. Aussitôt donc que la guerre est déclarée, il s'empare de la conscience allemande, il en chasse les idées et les sentiments qui lui sont contraires et devient maître des volontés. Dès lors, l'individu voit les choses sous un angle spécial et devient capable d'actions que, comme particulier et en temps de paix, il condamnerait avec sévérité.

Par quoi donc se caractérise cette mentalité ?

On l'a, quelquefois, traitée de matérialiste. L'expression est inexacte et injuste. Pour Treitschke, pour Bernhardi, pour tous les théoriciens

Émile Durkheim

du pangermanisme, le matérialisme est, au contraire, l'ennemi qu'on ne saurait trop combattre. À leurs yeux, la vie économique n'est que la forme vulgaire et basse de la vie nationale et un peuple qui fait de la richesse le but dernier de ses efforts est condamné à la déchéance. Si, suivant eux, la paix devient un danger moral quand elle se prolonge, c'est qu'elle développe le goût de l'aisance, de la vie facile et douce ; c'est qu'elle flatte nos moins nobles instincts. Si, au contraire, ils font l'apologie de la guerre, c'est qu'elle est une école d'abnégation et de sacrifice. Bien loin qu'ils témoignent aucune complaisance aux appétits sensibles, on sent circuler à travers leur doctrine comme un souffle d'idéalisme ascétique et mystique. La fin à laquelle ils demandent aux hommes de se subordonner dépasse infiniment le cercle des intérêts matériels.

Seulement, cet idéalisme a quelque chose d'anormal et de nocif qui en fait un danger pour l'humanité tout entière.

Il n'y a, en effet, qu'un moyen pour l'État de réaliser cette autonomie intégrale qui est, dit-on, son essence et de se libérer de toute dépendance vis-à-vis des autres États, c'est de les tenir sous sa dépendance. S'il ne leur fait pas la loi, il risque de subir la leur. Pour que, suivant la formule de Treitschke, il n'y ait pas de puissance supérieure à la sienne, il faut que la sienne soit supérieure aux autres. L'indépendance absolue à laquelle il aspire ne peut donc être assurée que par sa suprématie. Sans doute, Treitschke estime qu'il n'est ni possible ni désirable qu'un seul et même État absorbe en soi tous les peuples de la terre. Un État mondial, au sens propre du mot, lui paraît être un monstre : car la civilisation humaine est trop riche pour être réalisée tout entière par une seule et même nation. Mais il n'en est pas moins évident que, de ce point de vue, une hégémonie universelle est pour un État la limite idéale vers laquelle il doit tendre. Il ne peut tolérer d'égaux en dehors de lui, ou du moins, il doit chercher à en réduire le nombre ; car des égaux sont pour lui des rivaux qu'il est tenu de dépasser pour n'être pas dépassé par eux. Dans sa course éperdue au pouvoir, il ne peut s'arrêter que parvenu à un degré de puissance qui ne puisse être égalé ; et si, en fait, ce point ne peut jamais être atteint, le devoir est de s'en rapprocher indéfiniment. C'est le principe même du pangermanisme.

Généralement, on a cru trouver l'origine de cette doctrine politique dans le sentiment outré que l'Allemagne a d'elle-même, de sa valeur et de sa civilisation. On dit que, si elle en est venue à se reconnaître une sorte de droit inné à dominer le monde, c'est parce que, à la suite d'on ne sait quel mirage, elle a fait d'elle-même une idole devant laquelle elle a invité le monde à se prosterner. Mais nous venons de voir Treitschke nous conduire jusqu'au seuil du pangermanisme sans qu'il ait été question de cette apothéose [1]. On peut donc se demander si elle n'est pas un effet plutôt qu'une cause, une explication, trouvée après coup, d'un fait plus primitif et plus profond [2]. Ce qui est fondamental, c'est le besoin de s'affirmer, de ne rien sentir au-dessus de soi, l'impatience de tout ce qui est limite et dépendance, en un mot, la volonté de puissance. Pour s'expliquer à elle-même la poussée d'énergie qu'elle sentait en elle et qui repoussait impérieusement tout obstacle et toute gêne, l'Allemagne s'est forgé un mythe qui est allé de plus en plus en se développant, en se compliquant et en se systématisant. Pour justifier son besoin d'être souveraine, elle s'est naturellement attribué toutes les supériorités ; puis, pour rendre intelligible cette supériorité universelle, elle lui a cherché des causes dans la race, dans l'histoire, dans la légende. Ainsi est née cette mythologie pangermaniste, aux formes variées, tantôt poétiques et tantôt savantes, qui fait de l'Allemagne la plus haute incarnation terrestre de la puissance divine. Mais ces conceptions, parfois délirantes, ne se sont pas constituées d'elles-mêmes, on ne sait comment ni pourquoi : elles ne font que traduire un fait d'ordre vital. Voilà pourquoi nous avons pu dire que, malgré son allure abstraite, la notion de l'État, qui est à la base de la doctrine de Treitschke, recouvre un sentiment concret et vivant : ce qui en est l'âme, c'est une certaine attitude de la volonté. Sans doute, le mythe, à mesure qu'il s'est formé,

---

1 Sans doute, Treitschke ne se fait pas faute de célébrer à l'occasion les mérites incomparables de l'Allemagne. Mais son langage est exempt de tout mysticisme ; il glorifie l'Allemagne comme tout patriote enthousiaste glorifie sa patrie ; jamais il ne réclame pour elle une hégémonie providentielle. Mais Bernhardi n'a eu qu'à développer les principes de son maître pour aboutir au pangermanisme classique (cf. *Der nächste Krieg*, chap. III et IV).

2 La croyance à la supériorité de la culture allemande est, d'ailleurs, très peu explicative. Car un peuple peut se considérer comme supérieur moralement et intellectuellement aux autres sans éprouver le besoin de les dominer. L'Allemagne pouvait se croire d'essence divine sans chercher à conquérir le monde. La mégalomanie n'entraîne pas nécessairement le goût de l'hégémonie, mais sert à le consolider après coup.

Émile Durkheim

est venu confirmer et renforcer la tendance qui l'avait suscité ; mais si l'on veut le comprendre, il ne faut pas s'arrêter à la lettre des formules qui l'expriment. Il faut atteindre l'état même qui en est la cause.

Cet état consiste en une hypertrophie morbide de la volonté, en une sorte de manie du vouloir. La volonté normale et saine, si énergique qu'elle puisse être, sait accepter les dépendances nécessaires qui sont fondées dans la nature des choses. L'homme fait partie d'un milieu physique qui le soutient, mais qui le limite aussi et dont il dépend. Il se soumet donc aux lois de ce milieu ; ne pouvant faire qu'elles soient autres qu'elles ne sont, il leur obéit, alors même qu'il les fait servir à ses desseins. Car pour se libérer complètement de ces limitations et de ces résistances, il lui faudrait faire le vide autour de soi, c'est-à-dire se mettre en dehors des conditions de la vie. Mais il y a des forces morales qui s'imposent également, quoiqu'à un autre titre et d'une autre manière, aux peuples et aux individus. Il n'y a pas d'État qui soit assez puissant pour pouvoir gouverner éternellement contre ses sujets et les contraindre, par une pure coercition externe, à subir ses volontés. Il n'y a pas d'État qui ne soit plongé dans le milieu plus vaste formé par l'ensemble des autres États, c'est-à-dire qui ne fasse partie de la grande communauté humaine et qui n'en soit sujet à quelques égards. Il y a une conscience universelle et une opinion du monde à l'empire desquelles on ne peut pas plus se soustraire qu'à l'empire des lois physiques ; car ce sont des forces qui, quand elles sont froissées, réagissent contre ceux qui les offensent. Un État ne peut pas se maintenir quand il a l'humanité contre soi.

Or, ce qu'on trouve à la base de la mentalité qui vient d'être étudiée, c'est justement une sorte d'effort pour s'élever « par-delà toutes les forces humaines », pour les maîtriser, pour exercer sur elles une pleine et absolue souveraineté. C'est de ce mot de souveraineté que nous sommes partis dans notre analyse ; c'est à lui qu'il nous faut revenir en terminant, car c'est lui qui résume l'idéal qui nous est offert. Cet idéal, fait essentiellement de domination, l'individu est trop faible pour le réaliser ; mais l'État peut et doit y atteindre en groupant fortement dans sa main le faisceau des forces individuelles et en les faisant toutes converger vers ce but unique. L'État, voilà la seule forme concrète et historique que puisse prendre le sur-être dont Nietzsche s'est fait le prophète et l'annonciateur, et c'est à devenir ce sur-être que l'État allemand doit s'employer de toutes ses forces. L'État allemand doit être « au-dessus de tout ». Supérieur à toutes les volontés particulières, individuelles et collectives, supérieur aux lois de la morale elles-mêmes, sans autre loi que celle qu'il se donne, il saura triompher de toutes les résistances et s'imposer par la contrainte là où il ne sera pas spontanément accepté. On le verra même, pour affirmer avec plus d'éclat sa puissance, ameuter contre soi l'univers et se faire un jeu de le braver. À elle seule, l'outrance de ces ambitions suffirait à en démontrer la nature pathologique. N'est-ce pas, d'ailleurs, ce même caractère d'énormité morbide qu'on retrouve jusque dans le détail des procédés matériels qu'emploient, sous nos yeux, la stratégie et la tactique allemandes ? Ces projets d'envahir l'Angleterre par la voie des airs, ces rêves de canons dont les projectiles seraient presque affranchis des lois de la pesanteur, tout cela fait penser aux romans d'un Jules Verne ou d'un Wells. On se croit transporté dans un milieu irréel où rien ne résiste plus à la volonté de l'homme.

Nous sommes donc en présence d'un cas nettement caractérisé de pathologie sociale. Les historiens et les sociologues auront plus tard à en rechercher les causes ; il nous suffit aujourd'hui d'en constater l'existence. Cette constatation ne peut que confirmer la France et ses alliés dans leur légitime confiance ; car il n'est pas de plus grande force que d'avoir pour soi la nature des choses : on ne lui fait pas violence impunément. Sans doute, il y a de grandes névroses au cours desquelles il arrive que les forces du malade sont comme surexcitées ; sa puissance de travail et de production est accrue ; il fait des choses dont, à l'état normal, il serait incapable. Lui aussi ne connaît plus de limites à son pouvoir. Mais cette suractivité n'est jamais que passagère ; elle s'use par son exagération même et la nature ne tarde pas à prendre sa revanche. C'est à un spectacle analogue que nous fait assister l'Allemagne. Cette tension maladive d'une volonté qui s'efforce de s'arracher à l'action des forces naturelles, lui a fait accomplir de grandes choses ; c'est ainsi qu'elle a pu mettre debout la monstrueuse machine de guerre qu'elle a lancée sur le monde en vue de le dompter. Mais on ne dompte pas le monde. Quand la volonté se refuse à reconnaître les bornes et la mesure dont rien d'humain ne peut s'affranchir, il est inévitable qu'elle se laisse emporter en des excès qui l'épuisent, et qu'elle vienne, un jour

Émile Durkheim

ou l'autre, se heurter à des forces supérieures qui la brisent. Déjà, en effet, l'élan du monstre est arrêté. Que tous les peuples dont il trouble ou menace l'existence — et ils sont légion — viennent à se conjurer contre lui, il sera hors d'état de leur tenir tête et le monde sera libéré. Or, si des combinaisons accidentelles d'intérêts, de personnes et de circonstances peuvent retarder ce jour de libération, tôt ou tard, il se lèvera. Car l'Allemagne ne peut remplir le destin qu'elle s'est assigné sans empêcher l'humanité de vivre librement, et la vie ne se laisse pas éternellement enchaîner. On peut bien, par une action mécanique, la contenir, la paralyser pour un temps ; mais elle finit toujours par reprendre son cours, rejetant sur ses rives les obstacles qui s'opposaient à son libre mouvement.

.

Chapitre V

ISBN : 978-1511774697